便引诗情到碧霄

◎初中诗词赏读美文系列

凌翔 主编
王玲花 著

长江出版传媒 | 长江少年儿童出版社

图书在版编目（CIP）数据

便引诗情到碧霄 / 王玲花著 .— 武汉 : 长江少年儿童出版社 , 2021.1

（初中诗词赏读美文系列 / 凌翔主编）

ISBN 978-7-5721-0954-6

Ⅰ . ①便… Ⅱ . ①王… Ⅲ . ①古典诗歌—中国—阅读教学—初中—课外读物 Ⅳ . ① G634.333

中国版本图书馆 CIP 数据核字 (2020) 第 157170 号

便引诗情到碧霄

BIAN YIN SHI QING DAO BI XIAO

出 品 人：何　龙
策　　划：姚　磊　胡同印
责任编辑：赵佳慧
排版设计：一壹图书
责任校对：莫大伟
督　　印：邱　刚

出版发行：长江少年儿童出版社
业务电话：（027）87679174　87679195
网　　址：http://www.cjcpg.com
电子邮件：cjcpg_cp@163.com
印　　刷：湖北新华印务有限公司
经　　销：新华书店湖北发行所

开　　本：16 开
印　　张：7.25 印张
版　　次：2021 年 1 月第 1 版　2021 年 1 月第 1 次印刷
书　　号：ISBN　978-7-5721-0954-6
定　　价：28.00 元

自序

诗词是什么？

诗词不是蔷薇，是蔷薇的香气；诗词不是青草，是青草上的露珠。

诗词是沉在岁月深处的往事，是流动在历史画册里的智慧。诗词是温婉小曲，也是铿锵战歌。诗词是山水田园，也是边塞苦寒。诗词是思妇的望眼欲穿，也是将士的断肠愁思。诗词是讴歌，也是鞭策；是批判，也是警醒……

诗词是史书，记载、展开、珍藏。它是翅膀，带你穿越；它是列车，载你游览；它还是挚友，可以和你杯盏倾谈，抱团取暖。

诗词美！它是少女，有着说不清道不明的朦胧；是少年，有着青春的律动与节拍；是中年，有着含而不露的深沉；也是老人，有着经历后的沧桑暮气。

精练、浓缩，用最短的文字表达最长的意思，是诗词。所有激情、所有理想、所有思念，或婉曲，或直白，或悲伤，或欢乐，都能借助它来抒发、表达和宣扬。诗词，是祖先留给我们的最好遗产，是上天馈赠给我们的最美礼物。自然、生活、阅历，给了文人以灵感，灵感给了诗词以生命。

意境是诗词的灵魂，它需要我们丰富而阔达的想象，才能走进。面对诗词，尽管我们总觉与它隔了一层纱、一团雾，也常常在似懂非懂中去记诵，去感受。可是，我们还是爱上了它——爱上它的音韵，爱上它的精练，爱上它的节奏，爱上它明而不透的含蓄和深沉。甚至，有时也说不清为什么，就是爱，一往而深地爱。

欣喜步入初中的你，得以与这么多的诗词相遇，在遇见里，醉一回；也欣喜你能遇见这本书，让这些灵动而秀美的文字，带着你一起走进诗词的意境，蹲居在时光的深处，看那些细节怎样生动展开。

如果，你读这些文字，会有眼前一亮的感觉，这是我之初衷。如果，你爱上这些文字，这是我之幸运。如果，它能帮到你，我会在诗词之外，莞尔一笑。

目录

上册

下册

七年级

上册

观沧海

◎［东汉］曹操

东临碣石，以观沧海。
水何澹澹，山岛竦峙。
树木丛生，百草丰茂。
秋风萧瑟，洪波涌起。
日月之行，若出其中；
星汉灿烂，若出其里。
幸甚至哉，歌以咏志。

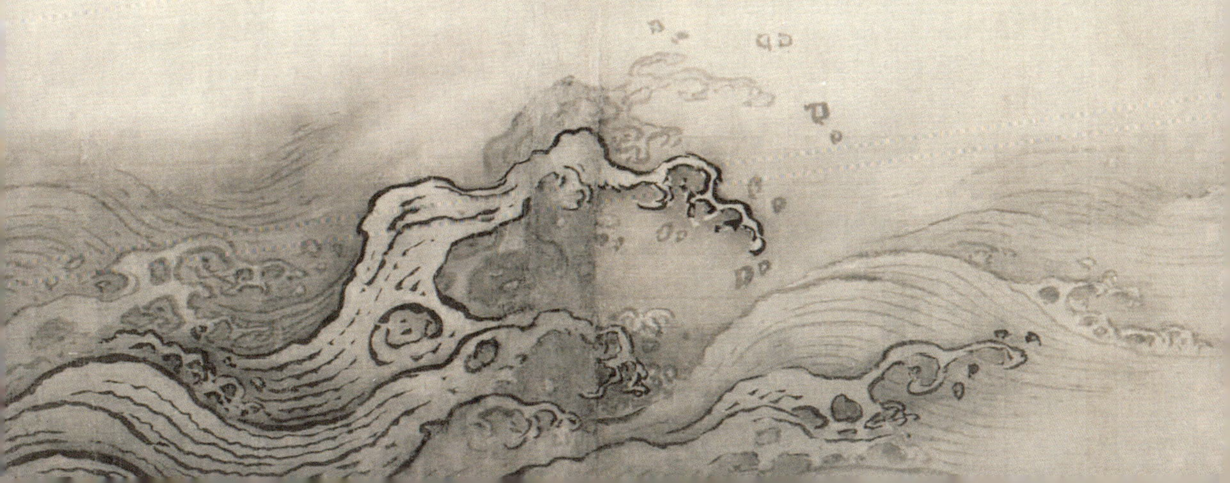

风是秋天的喘息，从碣石山的山顶吹过，把凉凉的风情，铺展成抑扬顿挫的词章，在大海里翻涌成朵朵浪花。这注定是一个不寻常的时刻，大海得以见证，荡漾着内心澎湃的激动。

有人骑着战马，从天的尽头，疾驰而来。

战马一声长鸣，如冲天的号角，响彻天宇。那嗒嗒的马蹄声，渐缓渐疏，后面影子一样追着的尘土，也渐渐消了气势，被风甩远的，还有北征乌桓走过的路途。

曹操纵身一跃，如挺拔的战戟，立于岸边。红色斗篷随风飘起，像一面旗，里面灌满了秋风，迎风招展。坚毅的脸庞，像被智慧雕琢过一般，眉宇之间，遍布帝王的气象。

他在前，马在后，缓缓踏上碣石山。

海水在他脚下澎湃，并以不可阻挡的气势，向着远处翻滚。小岛山一样地耸立于海上，看上去像一艘大船。

秋天，无论树木，还是百草，都逐渐走向凝重，可绿意却不曾减少半分。带着海的湿气，就那样，汹汹然，直逼他的眼。虽已秋，又怕什么？只要信心不减，就会有昂扬斗志，也会有凯歌唱响。

秋风猎猎，海水汤汤。浪花拍打着脚下的岩石，发出啪啪的响声，洪亮而又激越。这声音爬过岩石，在他的耳边猛烈撞击，他的心再无法平静。

他想起了乌桓。乌桓，北方的大患，想起它，如鲠在喉，似箭穿心。这隐患扰得他彻夜不眠，这绊脚石拦住他一统天下的雄心。

建安十一年，乌桓大破幽州，俘虏汉民十万，袁绍的两个儿子，又勾结乌桓首领蹋顿，屡扰边境。无奈之下，曹操不得不带兵北上，出兵讨伐。所以，才有了这次北征乌桓之举，眼下人困马乏，只得停下来歇息。

嘎嘎的叫声，闪电般从天空穿过。他循声而望，一群海燕，像战将一样，在大海之上，高傲地飞翔。澄碧的天空，出现了狂草的不羁和洒脱。

他的愿望插上了翅膀，他的心事也在漫漶：国家被割据分裂，连年征战，何日他才能一统天下？幸好此次北征大败乌桓，如果战败，后方将得不到巩固，人心涣散，明年的挥戈南下，就会有无限期推迟的可能，甚至会成为遥不可及的星，抑或挂于中天的月。

想到此处，他握着宝剑的手，不由更紧了。炯炯目光里，有了明晰的路径，路的尽头，似乎也有了光亮。

走了很久的太阳也累了，它收敛起锐气，拍拍一路的风尘，像一篮柿子一样，翻一个身就滑进了大海。大海，一口把它吞了，海里，除了一浪接一浪的波涛，再不见太阳的影子。

大海苍茫，雾气弥漫，在海天相接的地方，霞光像害羞的少女，露出微微的橘色，不久后，那橘色也消失了，碣石山的轮廓也渐渐模糊起来。整个大海，迷蒙一片。

他再次看了碣石山、大海和小岛一眼。然后，纵身上马。扬鞭的手突然定格，他又回头向着海天相接的地方望了一眼。然后，长鞭一甩，策马远去。

他知道，不久天空就会挂上明月，升起繁星。明天，还会有新的太阳升起，那时，太阳的光亮会恩泽百姓，也会照亮整个中原的天空。

闻王昌龄左迁龙标遥有此寄

◎［唐］李白

杨花落尽子规啼，闻道龙标过五溪。
我寄愁心与明月，随君直到夜郎西。

春天，是以杨花的一场翻飞结束的。

春已垂暮。风在太阳的蛊惑下，伸出手，摇动柳树，杨花就纷纷扬扬，像无头的苍蝇，四下里翻飞；更像一场鹅毛大雪，漫天漫地地扯起来，又肆意又任性，像在宣泄春的愁绪。洒脱不羁的李白，正在江南一带漫游。

饱满的太阳，像成熟的女子，用绯红的心事，迎接着夏天。春意阑珊，落花纷纷，香味像花最后的气息在到处弥散。那宽阔的湖水，丝绸一般，流成江南的吴侬软语。诗意的江南，总是拿水样的软，来勾引文人墨客。

景色再美，诗意再浓，那也是别人眼里的成像。李白眼前的景，都被一副面庞盖住，那张脸影影绰绰却又无比清晰。那是王昌龄的脸，那个写“一片冰心在玉壶”的王昌龄。

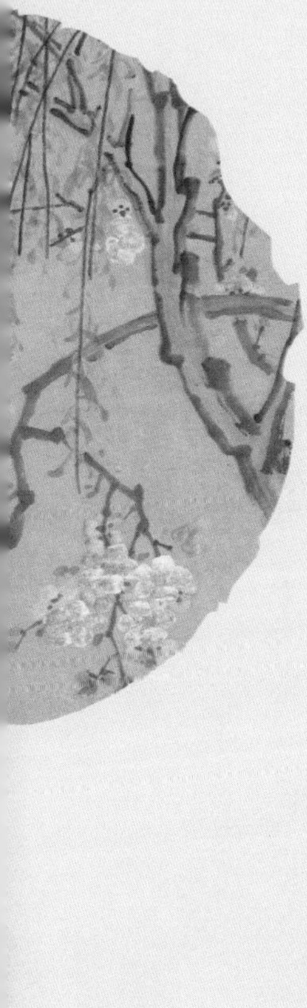

在获悉好友王昌龄被贬谪的那一刻，李白再也无心观赏美景，无意融入诗境。吃惊使他瞳孔放大，同情在他心的枝杈上纷纷生、噌噌长，担心和牵挂绳索一样地勒住他的肠子、拴住他的心。

怎么可能？怎么可能？就因“不护细行”，就因不拘小节，就要被贬谪？贬谪就贬谪吧，还那么远。千里之外的湘西，偏远荒凉，冷寂肃杀，何况王兄此去是过了五溪的龙标呢。这惩罚未免也太重了吧！浪漫洒脱、如风而行的李白，怎么也想不通。

布谷——布谷——杜鹃的声声悲啼，从天空中传来，每一声都像风扫落花一样，带着幽怨、悲伤和叹息。每一声，都像铁锤一般，把李白的心砸得生疼，他循声望去，天空中哪里有杜鹃的影子？他把视线收回，却又传来布谷的叫声，一声紧似一声，声声凄婉，声声悲凉。

一朵杨花，打着旋、跳着舞、带着醉意，轻飘飘地落在李白的长袍上，诗人烦躁地扬起手，把它赶走。

杨花是赶走了，可杜鹃的悲啼声却没赶走，没赶走的还有对王兄的牵挂。

想那王兄，仕途之路曲曲弯弯，荆棘丛生：开元二十七年贬谪岭南，天宝元年谪迁江宁，而今，又被贬谪到枯焦湿寒的龙标。这如浮萍般在宦海飘荡的人生，这似落叶被风浪吹打的人生，想想都伤感啊！

日头偏西，太阳用疲惫的眼神注视着大地。围着这湖，李白不知走了几圈，这柳树下的石凳，他也不知坐了几回。今天的景也是如此的寡味，索性回客栈吧！

纸徐徐铺展，提笔的手悬在半空，一些词句在平平仄仄里波浪翻滚。用怎样的词语才能表达自己的牵挂？用怎样的诗句才能抚平王兄内心的创伤？李白思忖着、斟酌着，随即落笔写下：杨花落尽子规啼，闻道龙标过五溪。

诗如感情，倾泻而出；字若惊鸿，于卷飞舞。

他又缓缓走到窗前，推开窗，月光满满铺了一地。他不由抬头，月亮弯弯，挂于中天，月光如泻，银屑般挥洒，一阵风儿吹来，带着夜的凉意。

好！他情不自禁地叫了一声，大步走到书案前，奋笔写下了：我寄愁心与明月，随君直到夜郎西。

次北固山下

◎［唐］王湾

客路青山外，行舟绿水前。
潮平两岸阔，风正一帆悬。
海日生残夜，江春入旧年。
乡书何处达？归雁洛阳边。

位于镇江的北固山，三面倚靠着长江，被柔软的江水包围，更显巍峨劲拔、峭壁嶙峋。寒意虽未彻底消解，但春天已迈着碎步走来。它走到北固山，山上就有了绿意。春天像少女，满含娇羞和温柔，刚一走到岸边，长江就用漫延的姿态，表达着内心的欢愉，那漫上来的水，就是它热情的拥抱。

春潮荡漾，江水浩渺，整个江面柔软如绸、宽阔似野，漾着细碎的波纹，向着岸边涌去。原先高出水面的堤岸，似乎也矮了下去，水仿佛用力要与堤岸齐平，如果从远处望，还真是分不出高低层次。

帆船像江面上移动的小岛，在广阔无边的背景里，成为江面的点缀，与春风呼应着，给长江带来了生机和活力。风从正面吹来，白色的帆鼓胀成弧形，高高悬挂，像海鸟张开的翅膀，笔直地立于背上，也似一面旗，在水面上迎风招展。

白帆的下面，站着诗人王湾。长袍随风飘起，发带舞动成风的样子。他左手捻着胡须，像捻着一些词句。他深邃的目光，望着苍茫而辽远的水面。

突然，他诗兴大发，思绪随着音韵的平平仄仄而起起伏伏，斟酌、取舍、组合，一首五律，便有了雏形。

客路茫茫，行程遥遥。王湾想到连日来的孤舟扬帆、羁旅漂泊、奔波劳顿，不由感慨万千：自己不就是一叶孤舟，因生活和公务而四处飘荡？自己不就是一枚落叶，被风带着到处奔波？

碧空如洗，春色如拭，阳光像碎金，散在江面，在波光粼粼里跃动。当他看到天高水阔，风平浪静，还有这江面的闪烁，刚刚升起来的愁绪，也暂时被搁浅。

也不知过了多久，也不知走了多远。当他再次睁开眼睛时，四周静悄悄的，只有江水轻轻撞击船舷的声音，还有江风轻轻拍打白帆的声音。风从外面吹进船舱，随风而来的，还有水的潮气，又咸又凉，带着淡淡的腥味。

睡不着了，索性起来，穿衣站在船头。

江面朦胧，天色微明，一轮红日像蒙着霜的柿子，从地平线上努力地向上升。微弱的光里，有奋斗的痕迹，有用力的样子。它的周围最先受到感染，被带动和融入，继而有了白天的迹象，向着四周扩散。

脚下，江水尽管还未呈现出青碧，但已呈露出春意，荡漾着春气。眼下，旧年的景象还未逝去，但新的一年就要来到。埋在心底的思乡之情，瞬间膨胀了起来。

多久没有回家了？多久了？他不敢再想，只觉有千万只蚂蚁，在心上蠕蠕而动，一种难受，说不清道不明的难受，绳索一样绑住他的心。

王湾就那样站着，站着，不说一句话，一句话也说不出来，说出来也没人听。

整齐的雁队，在晴空排成了春天的信号。在领头雁的带领下，循着春天的路径，向北飞去。当它们落在王湾的视线里时，他想起了远在洛阳的妻儿老小。他情不自禁地对着天空大喊："大雁，大雁，你路过洛阳时，要帮我捎个信，道声平安……"

他呆呆地看着渐行渐远的雁群，直到看不见为止。

太阳升高了，他又要启程，前面，还有漫长的客路等着他，他不敢再想了。

天净沙·秋思

◎［元］马致远

枯藤老树昏鸦，小桥流水人家，

古道西风瘦马。

夕阳西下，断肠人在天涯。

古道像田野的一条经脉，曲曲弯弯地贴在大地上。路两旁的田野铺满暮气，秋天正迈着沉重的步伐，走向没落。在萧条的底色上，古道更显沧桑。

一匹瘦马踟蹰而行，有气无力的步伐里，透着倦意。疲倦，像不可遏制的衰老一样，爬上了诗人马致远的脸庞。马背上的诗人，身着长袍，发髻上红色的发带在迎风舞动。

天边，走了一天的夕阳也累了，像老人一样，一步一步挪动。暮气在云朵的背后暗流涌动，霞光像一位望尽天涯路的思妇，眼眸里的希望，正在一点儿一点儿地熄灭。

今天，在深秋的古道上，注定有一曲小令将呜咽成忧伤。

诗人把手搭在额前，让目光铺成一条延伸的路。一个村庄的轮廓，在眼睛的聚焦中，渐渐明晰。希望的火苗，在诗人的眼里，呈现出燃烧的趋势。

老树就是村庄的古书，它粗糙的纹理里，记录着村庄的历史，它倔强的老骨头上，几片苍老的树叶，像被秋天遗弃，满脸愁容地等待着风把它们带走。枯藤屈曲盘旋，像蛇一样扭着腰肢，紧紧缠绕在老树的枝条上，那斜伸出来的枝丫，像蛇吐出的信子，透着森森的寒意。几只乌鸦呱呱地叫着，从诗人的眼前飞过，飞向那棵老树，老树的枝杈上，像粗瓷碗一样挂着的，是它们的巢。

夕阳西下，暮气趁机而入，从四周漫了过来。

天就要黑了，鸟儿也归巢了。茫茫天涯，哪里又是我马致远的家呢？家啊家，血脉的牵挂、温馨的港湾、灵魂的归宿，可是，现在它却像挂在天边的一个梦。有什么办法呢？找个旅店歇息，才正当紧。

一座古桥，像一位弯腰驼背的老人，静卧在那里，溪水漾着细碎的波纹，像是老人轻微的喘息。在淡淡暮色里，茅屋的点缀，让这幅夕照图，有了些许温暖与祥和。

篱笆像是小院的栅栏，一个男人正扫着院子，一个女人则怀抱木柴走进茅屋。炊烟从屋顶升腾，蔓延，扩散。不一会儿，女人走出来，手里端着脸盆，脸盆里冒着热气。她一边把脸盆放在地上，一边喊："他爹，洗手！"

"就来！"男人一边应着，一边收起扫帚，向她走来。

这温馨的画面，像软软的蜜语，钻入诗人的心，毛茸茸地痒。那是妻的气息啊！曾经，它就那么清晰地缠绕在自己的身边。那个一想起来就让人心疼的妻啊！此刻是否又在望眼欲穿？

当初，年迈的双亲，送他出门，千叮咛，万嘱咐。忘不了啊，在策马扬鞭转身的那一瞬看到的凄凉——单薄的身影，孤苦的面容，无尽的牵挂。相见时难别亦难，此刻，二老可好？

还有那绕膝的儿啊，可谨记他的教诲？诗文诵读可有长进？

思念，就像一头住进心里的小兽，时时伸出尖利的爪牙，挖一下；也如洪水一般，在暗夜，或者白天的某个时刻，汹涌而来。

剪不断，理还乱，麻丝一样地勒在心上的，是乡愁。肠子像拧在一起，拧成了一个疙瘩，解不开了。赶紧停止思念吧，要不被它一碰，愁绪搅得肠子就要断了。

他索性牵着马，走进客栈。

油灯次第亮了起来，夜色加重。诗人把愁思铺展成一页纸，在墨香里写成一首忧伤的绝唱。

峨眉山月歌

◎［唐］李白

峨眉山月半轮秋，
影入平羌江水流。
夜发清溪向三峡，
思君不见下渝州。

夜色笼罩在平羌江上，清澈的水面，沉淀了一天的风尘，像一面镜子，映照着辽阔无边的娴静。秋风划过水面，细碎的波纹，荡漾着平羌江涟漪的心事。

峨眉山用朦胧的山体，延续它的伟岸与挺拔。毕竟是夜了，山隐隐约约，像黑色的巨人一样矗立着。白天茂盛的绿植，此刻换上了深沉而又模糊的面容，散发着隐秘的气息。寺庙的钟声，悠远而缥缈，让平羌江进入了禅境。

夜幕一挂，月就来了。残月，像镰刀，高高挂在峨眉山头，透着清而亮的光泽；也像半块刚烤出的月饼，散发着家的气息。莫非天上也似人间一般，日复一日地演绎着生活琐碎？

“秋月扬明辉”，这月在秋的底色上，更明、更亮，那浓稠的月色，如瀑似银，一泻千里，在水面散开。水面立刻变成一面明镜，天上、水里的月亮，成了彼此的倒影。

小船弯弯，被月色牵着，在江面上行驶成一条清晰的

路径。峨眉山、平羌江、清溪、三峡、渝州，当这些名字跳入李白的脑海时，他清楚地知道，他离故乡越来越远。

夜风吹起了他的长袍，月光照下来，映照出一张年轻而英气的脸庞，一些银屑在他身上流淌。这美好的月色，令他沉醉，也让他的诗情汹涌。在这月色里，如若不写一首诗，实在是辜负！

小船载着诗人，也载着一船月色，向前行驶。跟在后面的是一江秋水、半轮秋月和越走越远的时间。

月亮走，船也走。月亮在水里缓缓移动，像一位女子，用温婉的模样、波澜不惊的表情和柔弱舞姿，就这样跟着船，跟着诗人，款款而行。莫非是要提醒诗人，把她的楚楚动人写进诗行？

英姿勃发、浪漫若仙的年轻诗人，仗剑去国，辞亲远游，连夜从清溪出发，奔向三峡。

这夜色哪里是什么船行的阻碍，分明就是天赐的美景，虽不是花好月圆，却也为诗情画意搭建了朦胧的背景。灵感趁着这月色，瞬间乍现，那些闪光的词句，就在平仄变幻里，唱起了抑扬顿挫之歌。

月亮越升越高，挂在中天，在漆黑的幕布上，明亮而又耀眼。李白向着远处眺望，寻找那熟悉的峨眉山，可除了夜色，再看不到其他。

惆怅在李白眼中涌动，当他的目光再次看到那半轮秋月时，凄凉之感袭上心头。江心见月，如见故乡，似遇故人。可是，那月还是故乡的月吗？那个想见的人又在哪里？

浪漫不羁的诗人，如风筝，即使随风飞越万里，线都被故乡紧紧攥在手中。一想到故乡，他的心里就有一种说不清道不明的滋味。

家乡好友的面庞，那么清晰地出现在诗人的想念里，那些泛着光泽的细节，就那样从故乡的烟火里生动起来，他说话的声音，还那么响亮、那么冲，还有，还有好多啊！可哪里有他的影子？李白的眼前，只有半轮明亮的秋月，只有哗哗的流水声，只有响亮的摇橹声，只有越来越浓的夜色……小船载着他，一路走，一路走，一直要走到渝州。

江南逢李龟年

◎［唐］杜甫

岐王宅里寻常见，崔九堂前几度闻。
正是江南好风景，落花时节又逢君。

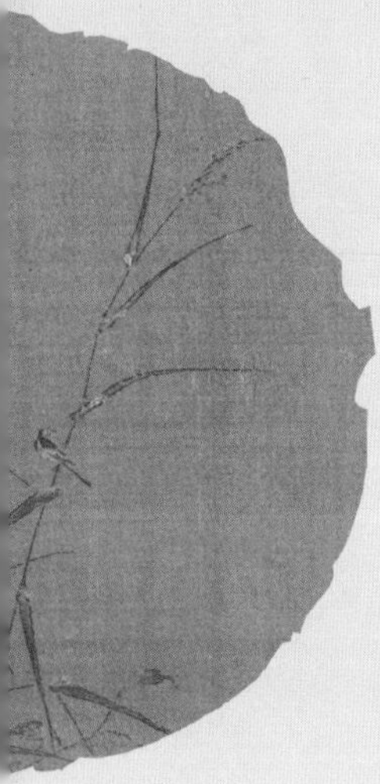

都说开元盛世的唐朝是一朵牡丹，饱满艳丽、雍容华贵。经济繁荣、文化昌盛的唐朝，是大唐啊！

你看，长安街像一首充满烟火气息的律诗，平平仄仄里有富贵在流啊流。人头攒动、车水马龙的长安街，是太平盛世的一轴画卷，波澜壮阔，气象万千，也充满了安乐与祥和。

开元盛世的长安街，曾游走着少年杜甫的气息，他的足迹也被时间镌刻进砖缝里。掩不住的才气，使他得以常常出入岐王宅、崔九堂。

岐王宅，是岐王李隆范的宅邸；崔九堂，是中书监崔涤的厅堂。这两处府邸在繁华的大唐，既有牡丹的气象，也有玉兰的质地，王公贵胄的建筑排场、吃穿用度，自然是一般人家所望尘莫及！

鼎盛的开元时代是一片沃土，让艺术之花得以肆意绽放。艺术，像万道光芒，照在王公贵族之间，照得他们的精神亮堂堂，照得他们的日子红彤彤。宴请、雅集名士，似乎成了一种时尚，成了一种身份的象征。

李龟年，这位杰出的音乐家，就是开在鼎盛之时的艺术之花，光芒四射，才华逼人。他跟杜甫一样,因才华而常常出入岐王宅、崔九堂。

柳树悄悄涂了一层鹅黄，院子里的桃树偷偷冒出了花骨朵，春刚刚带着要来的消息时，岐王宅里，已围了一圈人。李龟年站在台上，长袍曳地，胡须飘飘，宛若仙人，吹筚篥、奏羯鼓、唱唐诗。叫好声、赞叹声，在清茶糕点里，蜿蜒出生动的春气。这声音里，也映照出那个春风少年杜甫的英姿欢影。

转眼，一场雪花将年岁推着进入深冬。天寒冷，地冻结，就连那枯树枝上的“梨花”，也是冰雕玉刻一般。可日子并没有冻结，崔九堂前，依然热闹非凡。李龟年正在满含深情地唱着王维的《相思》:“红豆生南国，春来发几枝？愿君多采撷，此物最相思。”声声饱满，句句生情，带着少年杜甫，飞啊飞。

多么近呀！连他的气息都能闻到，连他的胡须都看得逼真，还有他的唱腔都早已镌刻在心。

可是，安史之乱是一把刀，割伤了国，刺痛了民！

又是一个春天，又是面对面的邂逅，可一切都变了，回不去了。

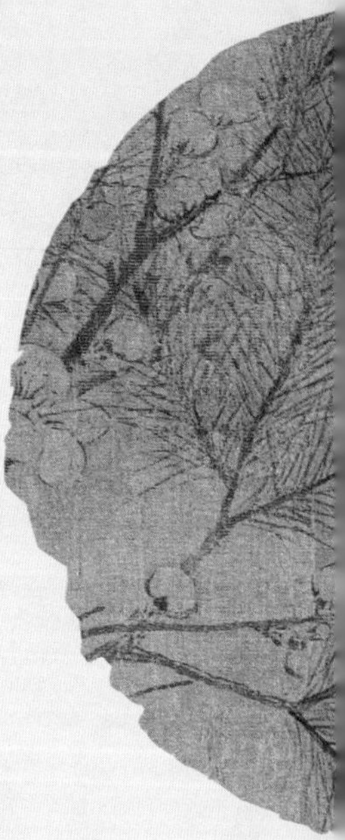

春来江南，美的何止是江水呢？更有那百花，桃花灼灼，梨花似雪，浪漫的樱花几乎要把春天染成粉色。还有那杨柳，千条万条的丝绦，勾勒着春的意境。一阵风来，就是一场花瓣雨，无声，却有色，带着满脸的羞涩，把大地涂成少女的心事。

这样的季节，这样的江南，会让人长醉不醒。可带给杜甫的是哀愁，是伤感。

他迈着沉重的步伐，满脸沧桑，走在潭州的大街上，背影里落满哀愁。

“每逢良辰胜景，为人歌数阕，座中闻之，

莫不掩泣罢酒。”当歌声传入杜甫耳朵时，他心里打了一个咯噔，前行的脚瞬间定住，一双眼睛循着声音望过去。

不远处的酒肆里围着一圈人，杜甫奔过去，拨开人群。一个老艺人，满头白发，脸上也有皱纹，带着掩不住的落魄和江湖气息，正用凄凉而略带沧桑的声音，卖力地唱着。他的脚旁是一块粗布，上面零星地散放着微薄的施舍。

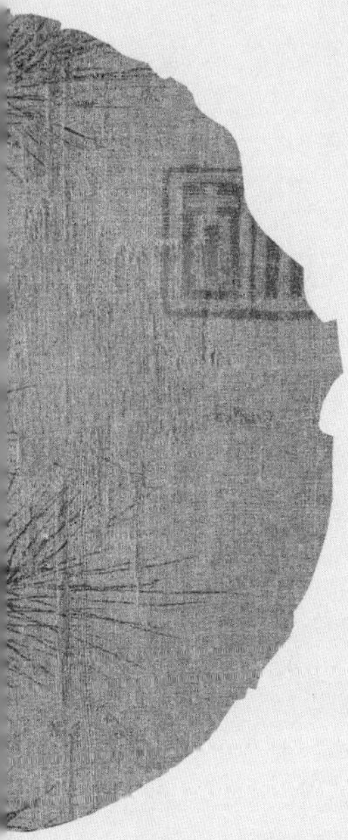

“李龟年——”这个流落街头卖艺的老人，就是那个出入王公贵族府第的李龟年？杜甫把这个名字叫响的同时，也把眼睛瞪成了两盏灯泡。四目相接处，是四十年的时间里世事无常、家国变化、物是人非的怆然。

行军九日思长安故园

◎［唐］岑参

强欲登高去，无人送酒来。

遥怜故园菊，应傍战场开。

从一缕风里，就可以感知季节。当风带着凉凉的风情在岑参脸上停驻时，一种难以言说的情绪，从诗人的心中升起。他心头一震，突然想起了什么，把目光投向高空。

天空高远澄澈，像中年女子的眼睛，带着历经世事后的波澜不惊，也有着一眼望不到底的幽深和辽阔。白云闲庭漫步，也一副淡淡的表情。几只大雁，有序地从头顶飞过，留下阵阵雁鸣，在晴空里回响。

九月九日，当这个日子浮现在诗人脑海时，一股温热，春风一样地在诗人的心中荡漾。九月九，多好的一个日子呀！天高气爽，秋意绵绵，登高望远，把酒赏菊。热闹而惬意的场面，就那样带着家乡的气息，在诗人的眼前缓缓铺开。

佳节总是这样，用它一贯沿袭的氛围和特质，在提醒人们记起往事，根本不顾及人们的心情。

长安失守，故园沦陷，行军途中又遭遇战乱，自己都像水中浮萍、风中柳絮了，哪里还有什么心情去庆祝佳节？

可岑参还是禁不住地登上高处，极目远眺。

目光所能达到的尽头，可隐隐约约地看见硝烟，像是秋天的哀愁，在高空里游走。一起游走的还有岑参的愁绪，这空气已不是长安的空气了，这秋天也不是故园的秋天了，这重阳节也如一片落叶，被风带着，走成了凄凉和萧条。

登高，必要饮酒。可，一个人饮酒，又有什么意思？周围空无一人，只有秋风发着声响。岑参像城墙上立着的旗杆，孤零零地站着，寂寞而又悲凉。

想到了酒，就不免羡慕陶渊明。有次重阳节，陶公没有酒喝，就在宅旁的菊花丛里独自闷坐叹气，正想着这菊花没了用武之地，好友王弘就送了酒来。真是及时雨啊！这好酒兑了美菊，再有这佳节营造的氛围，不醉，才是辜负。

再看看今秋，自己怕是要辜负这重阳佳节了。在异乡的高处，岑参面对秋色，留下了一声长叹。

菊花，是秋的笑靥，用它孤傲多姿的色彩，为秋天涂容添彩。它们开出了秋的风骨和飘逸、清绝和淡泊。此刻，菊花的身姿像重阳节的气息一样，氤氲在诗人的遥想里。想到这，厚重的离愁，仿佛清了、淡了，也薄了。毕竟，那是一丛丛璀璨的盛开和生命的律动。

那是长安故园的菊花，在秋阳的催促下，灿烂地开出清高。白的如雪，黄的似金，红的像火，紫的袭着一身高洁的气韵，在长安街的街巷、庭院、角角落落盛开。那是气象万千的烟火，那是满城皆着黄金甲的壮观。

长安的大街上，女人的脸上挂着如花一样的笑容，把自己走成了一朵姿态高洁的菊，男人则三三两两，站在高处，把酒浅酌，当菊花伴着酒香在唇边升起时，日子被重阳节映照出水汪汪的光泽。

然而往昔的美好都过去了，像一阵风一样地过去了。

岑参抬起头，用忧伤而悲痛的目光铺就一条遥远的路，路的尽头是长安故园的情景：此时那里像一盘散沙，七零八落；也像一局阵脚走乱的棋，没了方向。战火纷飞，硝烟弥漫，残垣断壁，一片狼藉。安史之乱，就是一颗炸弹，炸乱了日常的秩序，炸飞了安稳的烟火，也把诗人的心炸出一个又一个孔。

但在一片烟雾中，在残垣断壁旁，一丛丛菊花依然寂寞地开放。

有痛从岑参的心中升起，但一同升起的还有渴望的光芒……

夜上受降城闻笛

◎［唐］李益

回乐烽前沙似雪，受降城外月如霜。
不知何处吹芦管，一夜征人尽望乡。

太阳从山尖滑进了山谷，夜色就弥漫在回乐县。睡了一天的月亮，揉了揉惺忪的眼睛，从天的尽头，慢悠悠地来了。像一位刚从浴室里走来的仙女，披了一件纱衣，朦胧而又神秘，清凉而又素洁。浓重的夜色，被它一照，也仿佛淡了几分。月光如银，一泻千里。回乐县的座座山峰，在夜色里伫立着，像戍边的将士，立成一种岿然不动的风骨和铿锵的姿势，皎洁的月色把银屑洒在它们身上，像铠甲，透着冷气，闪着寒光。

沙漠从山的脚下，以波浪的形式向着远处、向着天边蔓延，苍茫辽远，广阔无边。月光泻下来，拦都拦不住，就那么顺势铺了一层，像一层薄雪，也像罩了一块白色大纱巾，恍惚里泛着白光，闪着银屑，凄清而又壮阔。这哪里是沙漠，分明就是雪原。夜风穿过月色吹来，吹在受降城，吹不透固若金汤的城墙，却吹乱了守夜将士的发。一轮明月勾勒出他孤寂的身影。他站在城墙上，极目远眺，绵延数十里的丘陵上，座座烽火台，像手握兵器的守城将士。被凛冽的月色一照，受降城兵气更重。

清冷的月光，像一些冰凉的词语，在无声而不懈地表达。它不嫌累，把清澈的光，照在受降城上，也照在城里城外，城外像下了霜气，先是丝丝缕缕，而后不断加重。

似雪的沙漠、如霜的月光、威凛凛的城墙、肃穆的烽火台，这就是受降城的夜晚，空寂而又惨淡，凛冽而又孤独。

这孤独感，使将士的心突然被刺痛，一种叫思念的情愫，在心的根上，腾腾而生，呼呼而长。

万籁俱静，只能听到风穿过时间的脚步声，吹动旌旗的猎猎之声，还有心被撕扯的疼痛声。突然，一阵笛声，打破了寂静，从月色中传来，呜呜咽咽、悲悲戚戚、如诉如泣，像一个女人幽怨的哭声。无尽的愁绪，随着这笛声，像散不去的冷霜、驱不走的月光，在受降城的角角落落里，绕啊绕。

是从哪个烽火台传出这令人断肠的芦笛声？是哪个戍守的将士在倾诉那无边的乡愁？

长夜茫茫，思念绵绵。夜越深，思越切，刚刚闭上眼，努力想要睡着，可脑海里浮现的都是亲人的面庞，都是那些温馨的生活细节，都是故乡的山山水水。它们化作了浓浓思念，把一颗心勒得好紧，也好疼。

索性穿衣起来，从枕下摸出芦笛，缓缓走出营帐，踩着霜一样的月色来到城墙上，对着家乡的方向，吹奏芦笛，声声如诉、句句含情，只盼着笛声循着月光的路径，回到故乡。

这戍边的将士站在月光里，月光环绕着他，笛声环绕着他，淡淡的忧伤和浓浓的乡愁也环绕着他。这忧伤和乡愁穿过夜空，飞到了营帐。

营帐里再不能平静，乡愁像接力棒，在征人之间一个接一个传。寂静的边塞之夜，再不能平静，乡愁顺着笛声在每个人的心中翻江倒海，再也睡不着了，索性都披衣而起。

一个两个，八个十个，站在凉凉的月下，忧郁的目光掠过凄冷的夜色、如雪的沙漠，向着故乡的方向，久久凝视……

秋词（其一）

◎［唐］刘禹锡

自古逢秋悲寂寥，
我言秋日胜春朝。
晴空一鹤排云上，
便引诗情到碧霄。

秋天像一位成熟的女子，用清淡而冷漠的表情，看万物怎样被涂上斑斓的色彩。那端庄内敛里，有着时光沉淀后的成熟、稳重和静气。

天空，像一首豪放的词，辽远而又苍茫，也像圣女的眼眸，清澈得不染半丝烟尘。太阳收敛了锐气，像挂在树上的一枚柿子，透着橘黄的光泽。光线里没了燥气，使劲地把天往高里抬，那凉凉的风情里，有着一眼望不到头的空阔意境。

白云是天空流动的风景，不时在远处的山上随意走动，或者在晴空里慵懒漫步。天的尽头，山峰像海市蜃楼一样若隐若现。此时，白云如一支幽远的笛声，用缥缈在抒发秋天的情思。

秋天一来，桂树就把自己打开，它用怒放的笑脸、艳丽的色彩、浓郁的香气加重了秋天的意境。浓郁的香攀上篱笆，向着诗人漫过来。当诗人的袖里灌满了桂香时，他禁不住想到了月、想到了酒，夜静轮圆之时，清酒泡桂花，浅酌慢品，把酒赏月，何等惬意！

漫步在郊野的诗人，正沐浴在清风里。风用一双清凉的手，拂过诗人的发，发丝就轻轻飘起，拂过诗人的长袍，长袍就舞成了风景。被清凉煨着，舒服的感觉像灵感乍现时的词句，从诗人的心中升起。

菊花，像秋天绚丽的诗章，在诗人的脚下浩荡铺开，一片白，一片黄，一片高贵，一片清绝，在大地上波澜壮阔地抒情着。它们像一些清高孤傲的眼睛，闪烁成风华绝代的灵魂。

把目光随便往山上一放，眼里就是一幅五彩斑斓的织锦，浓烈里逶迤出秋的路径。枫叶用热烈，燃烧出一片火红的芳华。银杏树挂上了一串串金黄，满身的贵气，在太阳下荡漾。不知名的树，叫不出的花，袭上暮气的草，在此起彼伏里，宣扬错落的美意。

有几声鸟鸣，滴落在诗人脚下的小河，在细碎的波纹里，映照出秋天清丽的模样。木质的小桥，散发着古意，像一本史书，要替时光记录下诗人此刻的心潮。诗人的身影，就被风带着，走进了唐诗的册页。

谁说寒秋不如暖春？谁说秋天寂寥寡味？谁又说秋天是落叶满地里结着愁怨的人儿？它明明是色彩斑斓的画卷，明明是意境悠远的诗篇，也明明是柿子一样的亮丽、苹果一样的喜悦。

春是往外放，秋是往回收。放得轻柔，收得饱满，各有风情，各具特色。可诗人更喜欢秋，觉得它胜过了春。日子，是一样的淡、一样的清，但多了阅历和内容的秋日，到底有了故事和内涵，令诗人更喜。

鹤像秋日里生动的情节，在晴空里叙事，招展的翅膀，有节奏地扇动，胸有成竹里，有着秋的底气和稳健。鹤排开云层，直冲九霄，像冲天的号角，唱响昂扬的歌，那铿锵里，有着力量、信心和不屈。

没有什么能折断要飞翔的翅膀，没有什么可阻拦要上进的信念，也没有什么能轻易地让一颗心凋零。革新的失败像寒风，吹透诗人的生活，却没吹散理想。被贬谪的冷遇似秋霜，迷蒙了前行的路，却让信念的灯更亮。诗情泛滥，豪情满怀，有一曲豪壮的歌声，在诗人的心中唱响，它们穿过风，跃上晴空，落在鹤的翅膀上，和鹤一起，直冲碧霄。

夜雨寄北

◎［唐］李商隐

君问归期未有期，
巴山夜雨涨秋池。
何当共剪西窗烛，
却话巴山夜雨时。

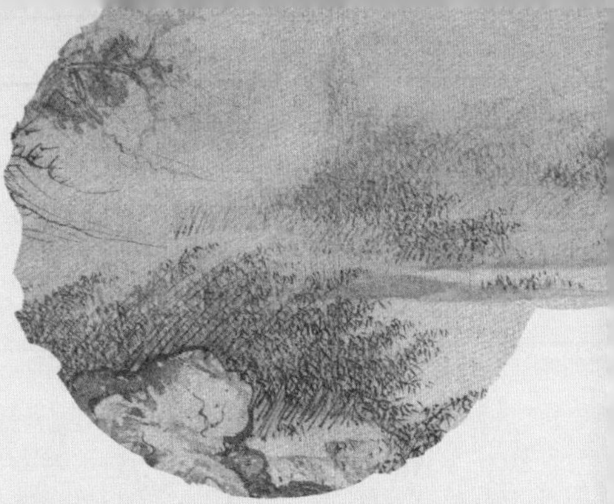

夜晚神秘兮兮，带着满脸的严肃和沉重，把颜料瓶一倒，黑就到处流，越流越多，直到四周漆黑一片。天空无星，也无月，空气里只有雾气在蒸腾、弥漫。

巴山，像巨人一样，在黑夜里静默。斑斓的秋容，也都被夜涂成了黑色，带着神秘的气息，枕着夜色，在酝酿一个长梦。

突然，一阵风吹来，带着呼呼的声音，落叶被风打在窗棂上，还没来得及停留，就被又一阵风带走。接着是雨，绵绵密密地下起来，淅淅沥沥，像在倾诉一场离情别绪；也像一些词语，打在院子里的芭蕉叶上，在低吟浅唱里叙述一场思念。门口的池塘，也像面团一样膨胀起来，盈盈池满，似情思汹涌难平。

一盏油灯把李商隐的影子，打在对面的墙壁上，孤独爬上了墙壁。摇曳的灯光，映照着诗人的脸庞，他盯着手中的信笺，密密麻麻的小楷，如妻秀丽的面容，墨香里弥漫着妻淡淡的气息，妻花一样端庄的容颜、水一样温婉的笑容，就那样从字里行间走下来。

甜蜜像杨柳风一样在心中流淌，如三月阳光一般，将心中的凄冷温暖。被雨阻隔，无奈滞留于蜀地，读着妻的来信，李商隐百感交集，思念像涨潮的海水一般，瞬间涌上胸膛，也如门前的秋池，雨打波涌，波澜壮阔。

妻啊！天边的月色，是你最爱看的。不知你经常仰望的那扇窗,现在变成什么模样。今夜，你是不是倚在窗前，等待月亮的出现，抑或向着蜀地的方向望眼欲穿，抑或，在心底一遍又一遍地呼唤我的归期?

归期，归期是何时？你不知，我也不知。想到归期，李商隐不由一声叹息，心里升起阵阵凉意。一切已惘然，唯有对着这夜色雨水空惆怅。

他缓缓踱步到窗口，雨还在没完没了地下着，天还在无边无垠地黑着。有雨水从芭蕉叶上滑落的声音，有风轻拍窗棂的声音，还有自已心疼的声音。这些声音，在夜里，格外响、格外亮，它们合谋好了，一起落进李商隐的心中，搅拌成一种叫思念的东西，折磨他。

“君问归期未有期，巴山夜雨涨秋池。”他挥毫在纸上写下了这两句。

风夹着雨水，击打着屋檐，妻孤独的身影，仿佛雕刻在窗前。她幽怨的眼睛里，贮满了失望，泪水像断线的珠子簌簌而下，打湿了衣襟和她手中的信笺，也打湿了一颗思念的心。妻如一叶浮萍，任离别的苦痛和思念的小船载着，在黑夜里颠簸。

他清晰地听见，花落的声音。

字句如若这般悲凉，妻见了怎能不悲伤绝望？即使是妻望眼欲穿的路径上，也要风光无限。

他不能让今夜的雨，淋湿妻的情；也不能让今夜的风，吹皱妻的心。他要用文字，为妻建造一个斑斓的花园，铺展一条阳光的道路。

用一束烛光摇曳出一个温馨之夜，隔着烛

光而坐的将是他和妻二人，烛光把妻的脸涂成花朵，让她的秀发富有光泽。她脉脉含情的眼里，流着蜜一样的爱恋。窗户把两人的幸福定格成风景，悬挂在夜的画布上。妻拿起剪刀剪着烛芯，而他，将给妻讲述今晚有关巴山、夜雨、芭蕉、池塘，还有那秋雨一样绵延不绝的思念。

空气里升腾着爱的味道。

这构想出来的温馨画面在李商隐的眼前流动成涓涓爱意，映照着妻的喜悦。妻的眉头渐渐舒展，笑容像花儿一样灿烂，心中的欢喜在信笺上摇来荡去。一封家书，可以打开妻的快乐通道，一封充满爱和希望的家书，就是妻生活里高高飘扬的旗帜。

憧憬和希望，是妻操持家的意义和全部。他说："我要为妻写下！"

十一月四日风雨大作（其二）

◎［宋］陆游

僵卧孤村不自哀，尚思为国戍轮台。

夜阑卧听风吹雨，铁马冰河入梦来。

村庄，是散落在大地脸庞上的雀斑，也像片片静躺的落叶，在素简的底色上，又单薄又寂寞。暮色翻过夕阳的肩头，从山的背后，向着小村漫过来。

暮色的降临，加重了小村的荒凉。远处，山没了霸气，渐渐模糊，地里割剩的几棵庄稼，耷拉着脑袋，瑟缩着，也要睡去。近处，有几只鸦雀，扑扇着翅膀，飞向村东的老树。

老树，已失去了颜色，树叶被吹得七零八落。一阵风来，不给一点儿情面，把树最后的骄傲都给吹破。树叶被风带着，像漂泊的游子，没有了居所。茅屋上的几棵草，也当风抖着，全没了气象。

紧接着是雨，以飞扬跋扈的姿势，来到这孤村。唰唰唰，啪啪啪，它们走过茅屋、树枝、地面……都留下了壮阔浩大的声势。它们又带着雄赳赳、气昂昂的表情，来到了诗人的茅屋，顺着屋檐，像汩汩溪流，淌下来。

南宋光宗绍熙三年，十一月四日，时间被定格在那一夜。

一盏孤灯、一杯清茶、几本兵书、挂在墙壁上的剑戟，还有陆游苍老而佝偻的身影，被今夜的风雨，吹打出伶仃凄清的况味。

陆游走到墙壁下，伸手取下兵器，在灯下仔细地端详，用手摸了又摸，像摸着他飒爽英姿的青春，像摸着他驰骋疆场的往事。那些饱满的曾经，那些闪亮的日月，都去哪儿了？时间真是快！空荡荡的屋子里，留下了一声叹息。

往事像册页，一帧一帧地展现在陆游面前。

金戈铮铮，铠甲凛凛，跨上战马，驰骋中原，是他一生的梦想。他的生命之花，在疆场的沃土上，开出艳丽的色彩。他的浩浩之气，在运筹帷幄里，旗帜一样地飘扬。当年，当年啊！想到当年，陆游脸上的褶子里，溢满了光彩。

恢复中原、热心抗敌，是他心中不灭的灯，也是把他推到这荒僻乡壤的风。奸人当道，屡进谗言，陆游成了他们嗓子里的鱼刺，要拔掉；也像他们眼里的沙子，要清除。他像一匹孤立无援的战马，没了阳光的滋养，没有了疆场，就变得无用了。于是，他辞官回乡。

又一声叹息穿过烛光，在屋子里扩散。忧愁、无奈、凄凉，再一次爬上了陆游的心头。

六十八岁，将近古稀之年，脊背不再那么挺拔，步伐也不再那么矫健，握着兵器的手也不再那么有力了。可他还想“为国戍轮台”，心还恋着疆场和战马。无官一身轻，那是说给别人的，轻不轻，自己最清楚。

风呼呼吹着，雨瓢泼地下着，窗外，天空比夜还黑，田野隐在黑夜里，在做绿色的梦。谁家的灯光，在黑暗里，发出隐隐约约的光亮。陆游宽衣，躺下。

又一阵风吹来，带着唰唰的雨声，院子里的老树像醉了似的舞着枝条，它听到树叶被风带着四处飞的声音。陆游突然想到了风飘柳絮、雨打浮萍，想到了国家社稷。摇摇欲坠，这个词像一声惊雷，让他打了一个激灵，担忧再一次嵌入他的魂灵。他试着闭上眼睛，可睡意全无，身体像烙饼，翻过来，倒过去，内心波澜起伏，无法平静。

夜晚在向深处走，不知什么时候，陆游迷迷糊糊地进入了梦乡。梦中，金戈铮铮，铁甲森森，他骑着战马，驰骋疆场，大败敌人，收复失地……有笑容，在他的脸上，漾着。

潼关

◎［清］谭嗣同

终古高云簇此城，
秋风吹散马蹄声。
河流大野犹嫌束，
山入潼关不解平。

潼关，像岔口，是开始，也是结束。南有秦岭，北临黄河，西近华岳。陕西、山西、河南三省，在这里交会，它是三省的咽喉，是三秦的锁钥，如虎雄踞，在苍穹之下，凛凛然，霸气咄咄。

四面山连山、峰接峰的潼关，地势险要，像一位武将，满脸兵气。

在这里，白云失去少女的温婉，像泼辣的妇人，把直言快语汇成浪花，向着潼关汹涌而来；也像一场战事，波澜壮阔，把所向披靡的气势传达给潼关。白云抱成团、接成连，把潼关环绕。烟雾带着朦朦胧胧、不清不楚的模样，穿梭其间。雄伟的潼关在高高的半山上，多了一些神秘。

“第一关”，城门上三个鎏金大字里，乾隆帝惊异而赞叹的目光，在闪啊闪。潼关古道，弯弯曲曲地向尽头蜿蜒，路太窄了，仅容一车一马。山高且陡，崖绝谷深，望一眼，心会提到嗓子眼，身上会出森森的冷汗。正是“人间路止潼关险”啊！

山风泄露了北方的性格，它来到少年身旁，少年头上的飘带飞舞，它跑着进入少年的长袍里，长袍鼓胀，像一只展翅欲飞的鸽子。厚重的城墙做了少年的屏风，少年更显得英姿勃发。他顾不了这些，一双眼睛四处张望，他要把这粗犷豪迈、磅礴气势摄入眼底，带回家。

黄河之水天上来。滚滚黄河，像一头发怒的雄狮，从北面高原峡谷跑着过来，咆哮着、怒吼着，像是两岸的峡谷把它勒疼了似的，想要挣脱。它还把怨气，啪啪啪地甩向两岸，震得山响，到了悬崖脚下，猛一转身，向着平坦广阔的原野奔了去，但并不见和缓，依然以波涛翻滚的姿势，显露着易怒的秉性。

啊！这黄河水！少年一面惊叹着，一面把目光望向远处。

远处是山，连绵不断，像一条巨龙，本来在关东时还是静卧着，到潼关，突然发怒，突兀而起，直插云霄，与天公试比高。山峰高峻，壁立千仞，怪石嶙峋，深壑幽秀，险峻又壮阔，即使是把所有的词语都用上，也不足以写尽这奇峰、这险崖啊！

太阳早已见过潼关的凶险，用冷峻而又平静的眼光注视着它，把酱红色的光芒洒在它身上。少年看着被阳光照着的潼关城门，心情激荡。

少年再一次看了一眼脚下的山谷。山谷幽深，像深不可测的井，雾气一大团一大团地蒸腾、上升、弥漫，跟天上的烟雾，很快地融为一体。山影逐渐朦胧，黄河的上空被涂上了神秘色彩。

战马立在少年的身旁，正用一双眼打量着这里的一切，眼里有着和少年眼里一样的内容。

羊肠窄道上，一位长者，骑着马，缓缓移动。突然，他发现少年不在身边，右手一勒缰绳，马嘶鸣一声，声音被风带着在山谷里荡来荡去。他扭头回看，看到了站在城门下的少年，便大声呼唤："儿啊！快走！"

少年听到叫声，右手握住缰绳，一个箭步跨上马背，扬起马鞭，顺着潼关古道，向着父亲的方向奔去……嗒嗒的马蹄声，像有节奏的鼓点，在潼关古道响起。

山风吹散马蹄声，也吹散历史，但这位少年以一首七绝，记录了曾经，留住了当年潼关的模样，也定格了他少年时满怀的豪情。他就是谭嗣同，时年十八岁，随父去甘肃，途经潼关。

七年级

下册

竹里馆

◎［唐］王维

独坐幽篁里，
弹琴复长啸。
深林人不知，
明月来相照。

夜跨过黄昏的肩膀，从晚霞中走来，一声不吭地撒下黑色的大网，万物浸润其间，夜用温柔的手掌拍着它们，仿佛在说：“睡吧！睡吧！”山川、河流、树木、花草……都收敛了锐气，乖乖地安静下来。

月亮像一位圣女，恬静而文雅，携着一身清辉，款款而来，把明亮皎洁的光芒，洒向人间。万物素雅，天地之间仿佛一座阔达无比的寺院，瞬间进入禅境。

那片竹林，在夜色的浸润下，像风平浪静的大海，又幽深，又寂静。高挑的身姿、茂密的叶片，还有那铮铮的风骨，都静默着，享受着月光的笼罩、浸润和渗透。风不知去了哪里，鸟也不见了踪影，只有一个人独自在那儿。

高雅闲适、超拔脱俗的诗人，怎可辜负这良辰美景？

竹林深深，月色清清，找一块干净之地坐下来，有这竹林做背景，有这月色当灯光，一定要尽兴弹一曲，来个心与物融、情与景合，才真正过瘾。诗人想到这里，拿出弦琴，缓缓弹奏。琴声像流星，瞬间擦亮夜色，也像山涧流淌的小溪，唱响清脆的山歌，更像寺庙里燃起的香火，袅袅而不绝。悠扬的琴声，在寂静的夜里，显得清冽辽远，它们穿过竹林，穿过月色，穿过黑夜，向着更远处飘扬。

竹林阔大的幽静和气息，淹没了诗人。竹，叶如箭指，干像松挺，节似石坚。竹的品质和气节，早在诗人的心里矗立成一尊佛像，在这幽静和夜色里，更加清晰而透亮。

诗人看到了竹，就不由想起了阮籍。那个空有一腔才华，却无法施展抱负的阮籍，只能隐居山林，以喝酒弹琴、吟诗作赋度日。据说他弹琴后常会对天长啸，或抒情怀，或发感慨，高兴得意之时会忘乎所以，甚至会沉沉睡去。

“一悟寂为乐，此生闲有余。”远离喧嚣尘世，远离官场争端，不汲汲于富贵，不戚戚于贫贱，归隐于这幽静的竹林。像一株草，饮清露、经风霜、观山岚雾霭、沐清风明月、闻竹香阵阵、听清风声声……什么都不想了，只弹琴，只赏月，悠然闲适，自得其乐。这不就像阮籍吗？

一颗心远了，就什么都远了。只一个人，一丛竹，对视，交谈。淡竹挺拔，枝条疏疏，阔意朗朗。能独享这如水月色、满天繁星、密林修竹，足以，足以！

诗人抬头，不由对天一声长啸，啸声像一道闪电，在黑暗里划过，留下烟一般的余音，在月色下袅袅盘桓，久久才散去。

天幕黑暗，月色清凉，无风也无声，四周除了寂静，就是寂静。寂静像一张网笼罩着诗人，有禅意从诗人的心中升起，清绝而透亮。诗人不由向着竹林望去，竹林深深，竹影重重，密密匝匝望不到边，这琴声啸声怎能穿透？即使是穿透，可曾有人来听？那也要弹奏，弹给明月，奏给竹林……诗人再次拨动了琴弦。月色照在他身上，把他淡泊而清澈的心，照得透亮。

春夜洛城闻笛

◎［唐］李白

谁家玉笛暗飞声，散入春风满洛城。

此夜曲中闻折柳，何人不起故园情。

窗外，春风习习，月色皎洁，灯火渐渐熄灭，喧嚣了一天的洛阳城被夜色笼罩，渐渐有了睡意。

屋内，烛光摇曳，影影绰绰，诗人的身影投到墙上，夸张而又虚幻，几乎占了半堵墙。屋子里只听得到灯芯燃烧的声音、春风轻拍窗棂的声音、时间走动的声音，除此之外，就是寂静。在一片漆黑和幽静里，诗人的孤独更加饱满而清冽。

一阵笛声从远处传来，悠扬而又断续，凄婉而又忧伤。是从谁的玉指间流出？是谁在那么动情地吹奏？

天空，闪着星星，亮着月亮。地上，繁华谢幕，夜色沉沉，睡梦中的洛阳城，显出一片静谧与祥和。偶尔有一声两声狗吠声传来，似是为这清冽的笛声伴奏，可循声而望，不见狗的影子，更不见人的踪迹。

笛声悠扬，如泣如诉，抑扬顿挫里有着淡淡的忧伤和无尽的凉意。虽是春风，却也带了寒意，在夜色里，带着笛声一家家进、一户户出，洛阳城的角角落落里都灌满了笛声，它们或高或低，或粗或细，像夜色一样遍布，像愁绪一样氤氲。笛声被春风带着，来到诗人的窗前，落到诗人的耳上。

客愁乡思瞬间胀满诗人的胸怀，像鼓满风的帆，鼓胀在心的浪潮上。思念的藤蔓，缠绕一起，卧龙虬枝般勾连，找不出头，也看不到尾，解不开，理不顺。心被勒得好疼，肠子都拧成一个疙瘩了，可家乡的炊烟又在哪里？父老乡亲又在何方？

有风吹来，轻拍窗棂，然后，又向着远处奔去，那远处就是家的方向。诗人的目光追着风脚，可那股风转眼就不见了，只留下夜色。他不由羡慕起风来，如果自己是一股风，该多好，能立刻回到亲人身边！诗人的眼里燃起了光亮，但随即熄灭，接着就听到深深的一声叹息。

路过自己的风，一定会到达亲人身旁，但愿，亲人能从风里嗅到自己的气息，感受到自己的心跳，能收到自己浓稠的思念。

凄婉缠绵的乐声，像一段往事的序曲，在徐徐打开：

家乡弯弯的小河，像玉带缠绕，两岸杨柳青青，垂下万千丝绦。柳树下，是依依惜别的身影，分别的话儿像长江泛起了浪花，千叮咛、万嘱咐，还嫌不够。咔嚓一声，折下柳枝相送，从此后，天各一方，见柳如见人，柳枝上有家的味道，有故人的温度，有比海深的情意，有比山重的牵挂。

门前的花朵小草，院子里的梨树桃花，都该被涂上了春天的颜色吧？鸭子也该在村边小河里划出一条温暖的路径吧？白鹅也该仰起脖子“曲项向天歌”了吧？还有那燕子也该用黑色的尾翼在剪春风吧？

笛声轻扬，那可是盘踞在故乡的缕缕炊烟，还是流淌在家门前的潺潺溪水，抑或是飘在故园上的丝丝白云？

洛城再繁华，那也是别人的洛城。

笛声一声声传来，像玉指，只轻轻一拨，就令人心弦流出汩汩思念。那思念，澎湃热烈，汹涌蔓延，浪一样地撞击着诗人的心。今夜，注定又是一个不眠之夜。今夜无眠的，又何止诗人一人？

逢入京使

◎［唐］岑参

故园东望路漫漫，
双袖龙钟泪不干。
马上相逢无纸笔，
凭君传语报平安。

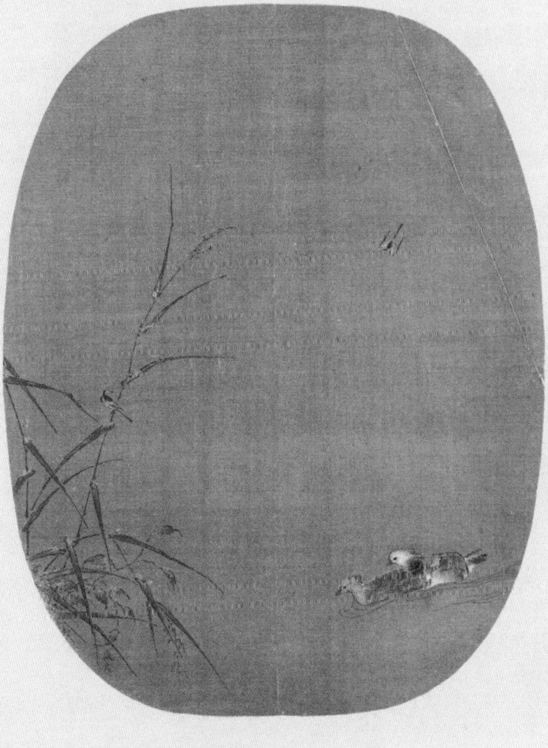

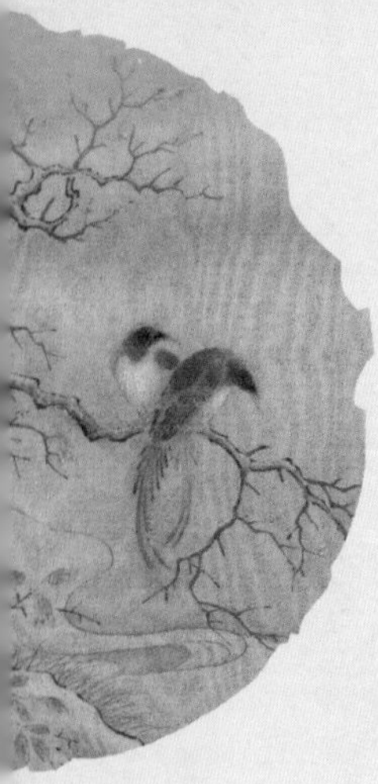

茫茫戈壁滩，从天的尽头铺展而来，无边无涯，无遮无拦。皲裂的地表，有稀稀拉拉的骆驼刺和病恹恹的红柳。

天空没有鸟鸣，只有毒日、蓝天、白云。日毒，人不敢正视；天蓝，蓝得不像话；云白且饱满，飘浮于空中，立体感很强，几乎能看到它的纹理。

孤烟，如冲锋的号，像擎天的柱，隆重而醒目地升起，然后，扩散，又升起，在广阔平坦的戈壁上，壮观又坚挺。

通向边塞安西的路，像莽莽平沙出了一口长气，曲曲弯弯地延伸着。诗人骑着战马，风一样地向着目的地急驶，嗒嗒的马蹄声，踩出了唐诗的平平仄仄，也留下了征人的豪情壮志。

此人便是岑参。天宝八载，他辞别故乡，远离妻子，第一次西出阳关，跃马赴疆，装着建功边陲的理想，带着高昂澎湃的士气和震天撼地的声威，从军西征，戍守边关。

长路漫漫，沙野莽莽，岑参猛拉缰绳，战马长鸣一声，立定。他把目光望向来时的路，可哪里有故都长安的影子？哪里有亲人熟悉的面庞？哪里有妻子望眼欲穿的眼眸？四周除了苍茫而辽阔的戈壁滩，间或有一点点的绿意，再看不到别的了。

猎猎风声，孤绝而凛冽，马头琴一样地粗犷和铿锵，从岑参的耳畔吹过。

孤独的树，迅速撑起伞盖，在岑参的心里投下了浓重的阴影。

思念的小兽，在岑参的心里蹦来跳去，像要把他的心踩碎，瞬间又化作一江春水，在他内心肆意澎湃，汹涌翻滚，一浪一浪地撞击着心，好疼好疼。他禁不住地又回望，然后，无奈地摇头。

岑参用力一拉缰绳，马发出一声嘶鸣，向着远处奔去。

都说男儿有泪不轻弹，可泪水还是像决堤的河水，汹涌而出，滂沱大雨一般，衣袖都被浸湿了，仍止不住。乡愁就是一把刀，再坚硬的心也难抵挡锋利的刀刃，更何况他看似坚强的外表下，藏着一颗柔软的心。

战马驮着岑参，以及他那颗思乡的心，一直向西……

这时，有马从远处驶来，寂寥的路上，顿时有了活力。

岑参被思念和泪水浸透的心稍稍有了安慰，随即眼里燃起了希望。

一个向西行，一个向东走，最终在某一处相交。四目相接的一瞬，几乎是同时叫出了对方的名字，先是惊喜，然后是千言万语。苦寒边塞，茫茫征途，巧遇故人，怎能不欢喜？

但各自有公务在身，一个是奉命戍边，一个是领旨入京，耽误不得，逗留不得，只能鞍马倥偬，交臂而过。

故友不是回长安吗，何不让他捎封信给家报个平安？可这荒郊野外，凄凉边塞，怎会有纸张笔墨，即使有，又在哪里书写呢？何况彼此都行色匆匆，哪里有时间等待？想到此处，岑参刚刚亮起的希望瞬间黯淡。

恍惚中，他仿佛看到了举目而望的妻，在月色下，一双思念和牵挂的眼满是幽怨。没有笔墨纸张，那就捎个口信报个平安吧！想到这，岑参大声喊住正要策马前行的故人："等等——等等——"

晚春

◎［唐］韩愈

草树知春不久归，
百般红紫斗芳菲。
杨花榆荚无才思，
惟解漫天作雪飞。

时间的手一刻也不停歇，刚刚把枯枝装扮得姹紫嫣红，转眼就残忍地把芳华一片片摘下，然后走到麦田，把暗流涌动的麦香，推到初夏的边缘。

有时间在后边追赶，太阳丝毫不敢懈怠。青涩含羞的脸，再不需矜持的粉来做底色，热情、泼辣在空中纷纷扬扬，金色的光线，也锋芒铮铮，千条万条地闪眼。太阳在用金银细软，隆重地搭建初夏的舞台。

春天，终归要去，谁又能挽留？

草知道，树知道，花知道，哪怕是用上所有的力量，或者全部的诚心，都挽不住春要远行的脚步，换不回它要远离的心。叹息有什么用？哀伤又能怎样？倒不如，高高兴兴享受当下，快快乐乐送君行。

树木把腰杆挺得更直，把枝条伸得更远，就给晚春一个热烈的拥抱吧！最好来点儿小雨，把叶片擦亮，把盛装穿上。再来点儿风吧，要把身上的小手掌全部用上，雷鸣般的掌声，就是所有的热情，就这样把晚春送到夏的门口吧！

小草没有树一样魁梧的身材，却也有葱茏的热情。纤细的叶片，努力向上，是要伸出水袖，来跳一支舞，送这位春姑娘远嫁吗？它们抬起头，用青春的目光，在跟春姑娘道别。它们深情的目光，能在时间的催促里，读出春姑娘依依的心事。

火似的桃花，霞样的杏花，雪白的梨花……在枝头开得热烈，开得灿烂，开得毫不含糊，尽管每一瓣再难锁住水分，每一朵再难留住芳华。你看，那火柴头一样的花蕊里，正跳动着热烈的火焰和满怀的激情。万紫千红总是春，只要春天还停留一刻，就不会辜负，就要姹紫嫣红，就要红紫斗芳菲。

榆钱一个挨一个，密密麻麻，整齐排列在树枝上，像挂上去的绿色希望。少了香味的榆钱，是要用浩大的铺排来挽留春的脚步，还是要把自己对春的不辜负展示出来？

是春风裁出了柳叶，妖娆了枝条，是春雨洗涤了尘埃，清爽了柳树。婷婷柳树，婀娜身姿，努力吐出絮、扬起花，然后，飞雪一样漫天飞舞。有一朵，轻轻地停在一株草上，只一秒，便被风带走了。它是要和晚春一起推开初夏的窗户吗？

有什么花能常开不败？

离别，是人生的常态。既然不可避免，何必要哭哭啼啼，儿女情长，涕泪沾巾？惆怅、落寞、叹息，只能让忧伤的气氛加重，只能让双方更优柔寡断。何必呢？

草树惜春，万花知恩，就连那无才情的杨花榆荚，也都在用各自的方式表达离别，还有什么比万物有情，更令一个季节感动？还有什么比知恩图报，更能表达受到恩泽后的心？我的付出，你懂；你的感恩，我知。这呼应里，有着怎样的和谐，又有着怎样的默契！

风用轻柔的手，把花草树木抚摸了一遍，然后拨动了榆钱的琴弦，在杨花的翻飞里，不无遗憾地走了。诗人韩愈，站在晚春的最后一缕阳光下，用草木有情、百花争艳、杨花飘洒、榆钱密布来抒写了一场波澜壮阔的离别。

登幽州台歌

◎［唐］陈子昂

前不见古人，后不见来者。
念天地之悠悠，独怆然而涕下！

当年，燕昭王兴师动众，修筑幽州台，以招天下之贤士，揽世上之英才。这幽州台一起，便如金色的诱惑，也如一块巨大的磁铁，天下贤才良将如浪涌来，似水汇聚。郭隗、乐毅都是燕昭王招纳来的贤才啊！

此刻，陈子昂就站在幽州台上，脚下踩着燕昭王曾踏过的土地，呼吸着燕昭王曾呼吸过的空气，可四周除了苍茫大地、辽阔天宇，哪里还有燕昭王的身影？

明君，就是历史上耀眼的太阳，历史的画卷被他们的丰功伟绩映照得熠熠生辉。

燕昭王礼遇乐毅，使其连破齐国七十余城，名垂千古。周武王起用姜尚，任其为相辅佐灭商纣，流芳百世。太子丹知遇荆轲，荆轲图穷匕见刺秦王，唱响惊天绝唱。唐太宗重用魏征，魏征直言进谏，迎来大唐盛世……

当一位位明君、一个个英才，从历史的长河里走出时，崇敬、羡慕，甚至是嫉妒，一起在陈子昂的心中翻滚，一颗悲苦而压抑的心，再也不能平静，被这些闪着光亮的名字，撞击来、撞击去。千里马因伯乐才能日行千里，良才遇明君才有用武之地。可英明的燕昭王、周武王在哪里？唯才是用的太子丹、唐太宗又去了何处？他们都留在历史的深处、时间的过往里了，化作土也罢，变成烟也罢，都成为过去。恨只恨自己生不逢时，难遇伯乐。

历史像一台停不下来的机器，推陈出新，改朝换代，至于后来的天下，有无明君，有无伯乐，那真是不知了。即使有，自己恐怕也无缘见到，跟自己无关了。

“唉——”一声叹息，撞在了幽州台上，溅起了清脆而悲愤的回响，这声响升到空中，跟着风走了……陈子昂喃喃道：“山河依旧，朝代不同，不同了！”如今的现状，在深邃、壮美的历史面前，更显暗淡无光了。

纵观历史，俯仰古今，陈子昂不由想到怀才不遇的自己，一生坎坷，仕途不顺。他虽整日忧心社稷江山，直言进谏，可武皇刚愎自用，根本听不进半句，还把他当成逆臣，关进大牢。他的政治理想和远大抱负，还没绽放，就因受摧残而凋零。挫折、打击像冰雹一样打得他一颗心七零八落，生生地痛。

这痛感蹿到脸上，变成了一块黑布罩着，沧桑、暗淡中透着愁苦、悲愤、忧伤，最后变成了一声深深的叹息。

陈子昂望向远处，天地苍茫，阔达无边，像一首豪放的诗，也像一曲悲壮的军号。远处的山峰隐在烟雾里，朦胧一片。天空有一片阴云，在他的头顶停下，以不可遏制的力量，向着他的心头，漫了过来。

站在高高的幽州台上，陈子昂感觉自己是被抛弃于山崖的一棵孤树，无同类可依、无知己来伴，寂寞而又单薄，孤苦而又无依。悲痛像决堤的河，澎湃着、鼓荡着，汹涌而来，从眼里流下来，小河一样地，淌着……一阵风来，吹乱了他的发，然后，走了，风里，流动着他的忧伤。

这一刻，幽州台上，陈子昂将自己的悲痛和无奈，吟咏成一首千古绝唱。

望岳

◎［唐］杜甫

岱宗夫如何？齐鲁青未了。造化钟神秀，阴阳割昏晓。

荡胸生曾云，决眦入归鸟。会当凌绝顶，一览众山小。

开元二十四年，在齐赵大地上，总会看到一位不羁漫游的诗人，这便是杜甫，时年他二十四岁。

是日，杜甫被风带着，来到了齐鲁大地，他用眼睛临摹泰山，以五律的形式定格了五岳之首的容颜，留下了这不朽之作。

巍峨的泰山，突兀于齐鲁大地，如屏似障，似蛇蜿蜒，如象奔跑，险峻挺拔，绵延逶迤，一望无际。它像一幅绚丽斑斓的巨大画卷，在齐鲁大地缓缓展开。

青翠的绿，浓稠的绿，如瀑布，似波浪。看不清是树还是草，是高还是矮，只是密密的、汹涌的，以不可遏制的气势，从泰山冲下来，穿过空气，向着远处的诗人，箭一样射来、浪一样涌来。

怎可抵挡这绿色的召唤？怎可抵挡这气势的逼近？眼前的泰山，真不愧“五岳独尊”，像一道道屏障高耸入云，峭壁千仞，具有通天拔地之势、气贯长虹之概。再看那山峰，层叠陡峭，巍峨雄奇、沉劲峻拔。金色的太阳，悬于穹宇，也似挂于山尖，泰山如刀劈，把空间隔成阴阳两面，一面明媚灿烂、金光闪闪，一面深沉暗淡、凉意习习。

再看那植被，郁郁葱葱，高低俯仰，相映成趣。青松翠柏，沧桑挺拔，聚集了天之精华、地之脉息，才有如此的茂盛和浓稠。那些叫不出名字的树，或高或低，有的盘虬卧龙，有的从石缝间斜生，有的甚至倒垂而长。各种绿，深的浅的，薄的厚的，各自独立而又互相重叠，多而不乱。

有野花，星星点点，点缀其间，如绿色布上缀着的图案，极具喜气和美感。有光如金闪耀，洒在花瓣上，野花似星星，一闪一闪。

山的背面，一片阴影漫下来，树木花草，变得内敛而静气，含蓄而深刻，一副城府很深的样子，显得神秘而不可测。

看不到溪水，但潺潺的水声，忽明忽暗，似隐似现，如缥缈的歌声，时时传来。

挺拔与秀丽，坚硬与柔软，大自然的各种神奇，各种美，似乎都汇集于泰山了。

雾霭袅袅升起，如轻薄的纱，似流动的烟，在山里穿梭、游动、氤氲，如梦如幻，如诗如画。此时的泰山，如一部长篇神话小说，瞬间打通了天地间的神秘通道。

如果此时还无动于衷，那就太不正常了。杜甫的心，就如这山谷一样，腾云而起，他仿佛就是山上的一棵树、一株草，在清风里婆娑，什么都不想了，什么都想不起来了。

鸟声啾啾，婉转悠扬，像清泉滴落。杜甫循声而望，天空中，几只鸟，穿过烟雾，徐徐向着山林深处飞去。

看不过来了，这么多美景，一双眼睛所能看见的界限太小了。眼睛因长时间的远眺，都疼了。但只在这里看是不够的，登上顶峰，那又该是怎样的一种荡气回肠？

站在泰山顶上，自己就将是天与山之间的梯子，手可揽明月，发能拂云雾。居高临下，极目远眺，眼界开阔，思绪飞扬，田野河流、山川万物尽收眼底，这该是何等的浪漫和欢畅。

“登泰山而小天下”，杜甫一面想，一面迫不及待地向山上奔去……

登飞来峰

◎［宋］王安石

飞来山上千寻塔，闻说鸡鸣见日升。
不畏浮云遮望眼，自缘身在最高层。

山，兀自挺拔，肆意绵延，树木苍翠，郁郁葱葱，像一块宝石，镶嵌在城外，莹莹地透着生机和活力。

飞来峰，峰峦峻秀，既像是从远处横飞而来，落山而长，也似从山的腹部突然爆发而出，腾腾而升。它带着傲居群峰的雄姿，盘踞于蓝天白云之下。

比飞来峰更高的是这古塔，古塔建在峰顶上，云雾像天的气息，萦绕着塔身，朦胧而又梦幻，加重了塔的神秘。远远望去，太阳就挂在塔尖，这种时候，会让人不禁想到“手可摘星辰”的诗句。

古塔到底有多高？目光不能精确地量出来，但远远看去，就要顶住天了，谁如果在塔顶竖起一座天梯，大概就能与天接起来了。

黎明在暗流涌动。

站在古塔上，头顶是浓稠的黑，脚下是浓稠的黑，四周也是浓稠的黑，只有海天相接的地平线露着白，泛着微弱的光。四周一片静谧，只能听到风吹过耳畔的声音，鸡鸣划破黎明的声音，还有黎明吞噬黑夜的声音。

而山谷则像一口井，蓄满了浓浓的雾，雾气像山的气息，不断地吞吐，不断地蒸腾。有的飘到空中，在空气中游动，跟云连接在一起，走成了天空的障碍。但此时，王安石却毫无顾忌地向远处眺望着，云再密再厚，也不担心，因为咱是站在飞来峰顶的古塔顶层啊！

东方还是鱼肚白，四周静谧，万物都还沉浸在梦乡，晨曦发着微弱的光，这时一声两声的鸡鸣从山里人家的小院传来，像一支晨曲，嘹亮而又高亢，悠扬而又婉转，也像一支燃烧的火把，要把黑夜烧焦。

太阳带着睡意，朦胧而羞涩，像一个刚被摘下来还挂着一层霜的橘子，露出了半个脸，微微泛着橘色，厚重的夜色被稀释，黑色薄了，光从深处以不易察觉的速度在慢慢升起，海天相接的地方出现了微微的颜色。

太阳在一点点地升起，半个，多半个，整个。亮光越来越多、越来越稠密，夜色越来越薄、越来越淡，直到完全消失。

站在塔上目睹这一切，是多么激动人心啊！王安石早听说，要看日出，首选就是来这飞来峰，站在古塔上，看日出，最真切。

站在古塔上，太阳升起的每一个细节都能看得真真切切：黎明是怎样一点点地吞噬黑暗，黑暗是怎样一点点被黎明取代，太阳是怎样跃出大海，徐徐上升。

古塔的每一个窗口，像明亮的眼睛，注视着每一天的日出日落，替天记录着新旧交替的时刻；也像一面面镜子，映照着不可复制的每一个黎明，以及黑夜。

站在古塔上，目极万里，有光照过来，劈开一条通道，心胸顿时开阔起来。王安石不禁想到自己的仕途，虽然改革的路上荆棘丛生、困难重重、坎坷不平，但怕什么？不忘初心，方得始终，信念坚定，高瞻远瞩，总会有拨云见日、雾散云开之时。王安石想到此处，原本有些许挫败的心有了昂扬的姿势，思绪豁豁然，敞亮起来。

游山西村

◎［宋］陆游

莫笑农家腊酒浑，丰年留客足鸡豚。
山重水复疑无路，柳暗花明又一村。
箫鼓追随春社近，衣冠简朴古风存。
从今若许闲乘月，拄杖无时夜叩门。

丰年，于农家来说就是在生活粗粝的底子上开出的花，它收割了果实，也吹开了农家人的笑脸，让他们热情好客的本性，得以瓷实和闪亮。

把笑脸挂上，把真诚打开，把所有的热情铺展，双手不停忙碌，双脚撵着风，出出进进，倾其所有，来把客人招待。

男主人弓着身子，蹑了手脚，噤了声，走到正在啄食的鸡跟前，猛一抓，鸡儿哦哦哦地叫着，翅膀挣扎，挣掉的细碎绒毛在阳光下乱飞。男主人把鸡扔进开水里，拔毛、开膛、上锅，不一会，鸡肉的清香，就飘满了院子。

杀完鸡再宰猪，一刀子下去，在嗷嗷的叫声中，猪倒下了。男主人动作麻利，褪毛、开膛、宰杀，肥胖的猪，不久就要变成香喷喷的美食。

炊烟越升越高，柴火在灶膛里熊熊燃烧，红红的火苗舔着锅底，映红了女人的面庞，女人围着锅台，煎炸、烹炒、凉拌，忙得不亦乐乎。素朴的绿色菜肴，在院中的石桌上铺开。自产的粮食，自种的蔬菜，草鸡蛋，山泉水，一桌子的美味，早已勾起了人的食欲。

男主人抱着一坛自酿的酒，斟满了酒杯，酒算不上好酒，还浑浊不清，但酒香里溢出的热情，陆游是一定要收下的，于是端起酒杯，扬起脖子，咕咚一声喝下。

农家的质朴让陆游倍感温暖，山间水畔之景更令他心驰神往。山峦重重叠叠，这里下去，那里出来，像巨蟒一样逶迤蜿蜒。山上的树木郁郁葱葱，像绿色的地毯，沿山体铺展，它们用葱茏的绿意、茂密的长势，宣扬着季节的热烈，为山峦穿上隆重的盛装。

清碧的泉水，是山的灵魂，冲刷、洗涤、跃动，像一首欢快的歌，在迂回曲折的流水中，弹奏出潺潺的音符；也像山的气息，穿行于山中，忽隐忽现，如丝如缕，绵延不绝。

山路逶迤，蛇一样盘旋。陆游行走在山路上，穿过一重又一重山，见证一泓又一泓泉，草木越来越浓密，前方似乎已经没有路了，像小说的结尾，戛然而止，他不由得陷入恐慌，心里好一阵紧张。

又向前走了几步，突然，能看见远处有炊烟依稀萦绕，再仔细看时，已见柳树茂密，山花灿烂，几间农家茅舍，蘑菇一样地隐现于花木扶疏之间，接着传来几声犬吠。一颗悬着的心终于落地，惊喜在陆游的眼里花一样绽放。

村庄，是开在山里的花，略显灰扑扑，却又无比亲切。烟火日常里有着万千气象，浓浓的乡音、亲切的面庞、热情爽朗的性格，哪一样不给人踏实和温暖？遇上节日庆典什么的，那更是澎湃热烈、喜气洋洋。

春社祭祀日，其隆重仪式不逊于过年。看，全村上上下下，一派喜气，农家人着布衣、戴毡帽，敲锣打鼓，吹箫奏乐，祈求丰年，热热闹闹，把期盼丰收的心愿，渲染得沸沸扬扬。一幅传统的乡土风俗画，在山的褶皱里热烈铺开。

暮色降临，明月高悬，淡淡的清辉为村庄笼上朦胧的色彩。即将离村而去的陆游，千般不愿，万般不舍。不愿离去、还想再来的愿望已在诗人的心中，悄悄萌生：

若在这月色如倾的时刻，能拄着拐杖，轻扣柴扉，喝一杯清茶，与老农亲切交谈，那该多好啊！

己亥杂诗（其五）

◎［清］龚自珍

浩荡离愁白日斜，吟鞭东指即天涯。
落红不是无情物，化作春泥更护花。

暮春的风带着凄婉哀伤的气息，游走在京城的大街小巷，像一首伤感的小令，在叙述着离情别绪。当它走进诗人的院落时，诗人已打点好行装，准备辞官南归。

再看一眼熟悉的院落，再摸一摸房前的门柱，再闻一闻熟悉的味道……毕竟在这里已有二十年之久了，这里有生活细节的展开：伏案批阅、杯盏倾谈，每一寸空气里，都映照着自己的影子。

此次辞官事出无奈，因自己力挺好友林则徐虎门销烟，引军机大臣穆彰阿的不满，现今穆彰阿得势，气焰嚣张，他惹不起，只能躲了。事业未竟，仕途蹭蹬，岁月蹉跎，他此次离京，恐无重返之日。想到这些，诗人的愁绪，像乱麻一样，绕啊绕。

往事如昨，而今都要化作烟、变成雾了。心瞬间被掏空，空落落地难受，惆怅、失意、悲伤、不舍……五味杂陈，调料一般地搅和在一起，腌着心，生生地疼。

天空中，夕阳像熟透了的大柿子，软塌塌的，随时都有坠落的可能。它正迈着让人不易觉察的慢步，一点点地走向地平线，霞光不太浓稠，也不够明媚，却依然濡染了半边天，夜在暗流涌动，悄悄地用颜料，要把天空染黑。

佞臣当道，国势将颓，清王朝就如眼前的夕阳一般，摇摇欲坠。

牵肠挂肚，离愁别绪，伤感怅惘……种种情绪在诗人的胸中浩浩荡荡，如波翻滚，像浪澎湃，充塞天地，难禁难受。在暗淡的夕阳里，诗人万般惆怅。

终于可以冲破藩篱、斩断桎梏，远离明争暗斗、纷扰算计，放下就是轻松，何况老家正有新的事业等待着自己：主掌书院、执教兴学、培育后代，不也是一种全新的开始吗？生活就是这样，关上一扇门的同时，会为你打开一扇窗，希望的火苗在诗人的心中燃烧，全新的生活正向他发出热情的请柬。

诗人扬起马鞭，洒脱一甩，马蹄嗒嗒的声音踩碎了京城的曾经，踏出一条小径，它的尽头是远在天涯的家乡。

豪气壮志像一道明媚的光，在诗人的心中重现。

一路上，暮春的景色，像一帧帧画卷，在诗人的眼里一一铺展开来。“相见时难别亦难，东风无力百花残”，这一树树落花，像一场春雨，飘飘洒洒、纷纷扬扬，总是有说不清道不明的忧伤。

如今这飞花，时时拂面而过，风一样地吹来，睹物伤怀，诗人刚刚升起的豪情又落下。落日西沉，青春不再，你死我活的倾轧、尔虞我诈的氛围、拮据窘迫的生活，过去仕途上的种种不顺，再一次敲击着他沧桑而疲倦的心。

落花一朵两朵兀自飘落，蝴蝶一样地舞着，然后，悄无声息落下，广阔的大地，在不知不觉中被铺了一层花毯，壮观而又浩荡，像是在举行一场隆重的告别仪式。

花落归根，化作春泥，变作

尘，可香气如故。那点点的红虽然已经离开了树枝，却正一点点渗进泥土，变作肥料，孕育来年新的生命，变成新的色彩，撒播沁人的芬芳。这何尝不是一种忧伤的幸福?

真正放下，并不是一句话那么简单，最让人牵肠挂肚的，便是这江山社稷了。身虽离，心依在，自己就如这落花，虽零落，也惦记着树枝，盼着春天的来临。

诗人朝着京城的方向深情地望了一眼，然后，扬起马鞭，向着新的生活奔去……

是年，乃清道光十九年，诗人龚自珍踏上了辞官南归的旅途……

泊秦淮

◎［唐］杜牧

烟笼寒水月笼沙，夜泊秦淮近酒家。

商女不知亡国恨，隔江犹唱后庭花。

最后一抹晚霞沉在海里，天就暗了下来。

月亮像玉盘，挂在高远的天空，凄清而又朦胧，冷漠而又孤寂，像隔着云端而立的女子，有着高处不胜寒的清雅孤傲。它把清辉洒向秦淮河，洒向河滩，也洒向对岸的酒楼。

秦淮河像女子的眼，泛着点点的泪光，闪着惆怅的念想。河上笼着一层清凉的水雾，像穿着轻纱的女子，迈着摇曳的舞步，漫过了一艘又一艘客船，那轻纱丝丝缕缕、恍恍惚惚，像暧昧的气息，氤氲在江面上。

秦淮河畔的夜晚远胜白天的繁华。

秦淮河没有潺潺的水声，只有粼粼的波光，以及从远处传来的划桨声。接着会看到船客走上岸，踏进酒楼，然后被一片暧昧的灯红酒绿淹没。

一叶小船满载疲惫，从远处驶来，在秦淮河的岸边停下。杜牧站在船头向着对面的酒楼望去，月色照着他满脸的沧桑，忧伤像今夜的雾气一样，在他的脸上铺开。

对岸的酒家，一家挨着一家，像一个个张大的嘴巴，随时在等待着猎物。大红灯笼高高悬挂，朦胧而又肆意，像一些挑逗的眼睛，在水汽和夜色里闪耀。秦淮河像一面镜子，灯红酒绿在水中微微荡漾、粼粼闪动，像一些忽隐忽现的火焰，随时要把欲望点燃。

隔岸依稀可见权贵富豪、达官商贾进进出出，也能听到放浪的笑声。歌舞升平，恣意享乐将又是今晚每个酒楼的主题。秦淮河注定又是一个醉生梦死的不眠之夜。

一阵靡靡的歌声让杜牧的悲愤走向高潮。

这声音隔着水面传来，有着月色的柔媚，有着水汽的朦胧，哀伤而又艳俗，缥缈却又真切，唱的正是《玉树后庭花》。

《玉树后庭花》，那是亡国之音啊！那个南朝陈后主谱的曲儿，他明明知道隋兵陈师江北，国家危在旦夕，可还沉湎于酒色，还在听那靡靡之音，最终把这《玉树后庭花》演绎成亡国之绝响。

可这歌女哪里知道什么亡国之恨，又哪里知道一个王朝的兴盛，就被这歌淹没在历史的红尘之中，空留满腔幽怨和遗恨？歌女毕竟是歌女，只知唱歌，哪里会去想这么多呢？再说，这些寻欢作乐的权贵们都陶醉在这歌曲里了，她们又操哪门子心？

浩渺的江面上，烟雾依旧，水汽依旧，月光依旧，灯红酒绿依旧，夜夜歌舞升平、朝朝醉生梦死，才不管外面兵荒马乱呢！

杜牧听着这令人哀伤的亡国之音，用悲痛的目光打开历史，回头去看那个陈后主，眼里满是悲伤和痛惜。眼下这大唐，不也像当时岌岌可危的南陈吗？诗人不由把目光转移到灯红酒绿之外。

那里，大唐的江山社稷，已像危楼一般摇摇欲坠，似漂泊在江里的船儿，随时都会被巨浪打翻。江山难保，社稷不稳，生灵涂炭，民不聊生。可，隔江的靡靡之音，还在唱，笑声还那么放肆。悲愤像一把燃烧的火，熊熊然，从心底往上蹿。可这火，烧不到对岸。

一阵风吹来，杜牧不由打了个寒战。

他看了看远处，天更黑了。

贾生

◎［唐］李商隐

宣室求贤访逐臣，贾生才调更无伦。

可怜夜半虚前席，不问苍生问鬼神。

是鲲，就应该在广阔的水域遨游；是鹏，就应该在高远的天空展翅。此时，看着天空中自由飞翔的鸟儿，贾谊除了羡慕，还是羡慕。

不懂体恤的风，悄悄潜入他的心，簌簌簌簌，那是心在坠落的声音。自己呕心沥血，力主改革时弊，可那些政治主张，不仅没有肥沃的土地使它茁壮成长，自己反而被谗言划得遍体鳞伤。孤寂的身影，在辽阔的天地间更显孤寂，他感觉自己是被朝廷丢弃于荒郊野外的一棵枯树，了无生机。

冬天过去了，春天还会远吗？

姜尚日间河边垂钓，得遇周文王；伊尹梦经日月边，受重于商汤。不知何时，自己才能枯木逢春，羡慕在贾谊心中膨胀。

一阵马蹄声，带着皇家的浩荡气势，由远而近。“贾谊接旨！”带着所向披靡的语调在耳边响起。他受宠若惊，双膝跪地，接旨的双手一直在抖，直到马蹄声被一片尘土淹没，他才相信这一切不是梦境。花开了，小鸟开始唱歌了，贾谊，你的春天就要来了！

贾谊急急更衣整装，从长沙快马加鞭奔赴京城。难得文帝求贤若渴，连夜召见，自己要竭尽全力，方不辜负。

夜幕下的未央宫，金碧辉煌，皇家的气派和奢华，点亮了黑暗，耀眼了夜。名贵的地毯，从宫门一直铺到前殿，文帝坐于宣室，闭目正坐，在接受神灵的福佑，庄重而又恭敬。桌上祭品满满，不时可见散落在地的香灰，暗示着一场祭祀的刚刚结束。袅袅烟雾，靡靡香气，神秘而又虚幻，久久不散，似在延续什么。

贾谊恭敬地行过君臣之礼，立于一侧，弯腰静待着文帝的提问。来之前，他把可能要涉及的一些治国之道、改革要领都在头脑里一遍又一遍地回放，甚至每个停顿断句都做了预设。此刻，他静静地等待着，心惴惴，却又希望满满。

文帝睁开双眼，眼睛却并不看他，似乎还游离在香火的缭绕和虚幻里。“这世上可真有鬼神？如有，又来自何处？”文帝低低说道，像是在问贾谊，又似在问自己。

是问自己吗？贾谊愣住了。这是预想不到的，是五百个问题外的那一个。他用余光偷偷看了一眼文帝，文帝的一双眼睛，像一束刺眼的光，正直直地看着他。

“皇上英明！世界当然有鬼神了！”贾谊赶紧回答。

“它在哪里？”文帝精神陡增，急不可耐，眼里燃烧着好奇和希望的火苗。

“它就在我们看不到的地方，我们的一举一动，都会在它的掌控之中……”贾谊在所读的书和经验里，打捞着相关的信息，揣摩着文帝的喜好，从有无鬼神，到鬼神的起源，再到鬼神的力量……话语像长江的浪花，滔滔不绝，却又缜密无缝、恰到好处。

一双好奇的眼睛，紧紧盯着贾谊的嘴，不

放过他说的每一个句子，甚至每一个停顿，好像在用思维尽可能地把那些词句组成形象的画面，然后，把自己整个地带进去。

夜半的钟声从远处传来，袅袅烟雾也倦了，不见了踪影。唯有一张嘴口若悬河，唯有一双眼铁屑一样地，甘愿被磁铁般的话语牢牢吸住，那么紧，半刻都不愿放松。紧接着的是身体，不知何时已探出座席，向着贾谊凑过来。

恍然间，贾谊发现靠近的文帝，受宠若惊，继而又在内心一声长叹：唉！如若今晚谈的是国事民生，而不是这无稽的鬼神，该有多好！

过松源晨炊漆公店（其五）

◎［宋］杨万里

莫言下岭便无难，赚得行人错喜欢。
政入万山围子里，一山放出一山拦。

山，是大地竖起的擎天柱，也是登天的梯。它高耸入云，巍峨连绵，站在山脚下，那悬崖峭壁，怪石嶙峋，还有那粗犷的气息、咄咄逼人的力量，会让攀登的腿不由打战。

无限风光在险峰。那迷人的风光，是热烈的召唤。“会当凌绝顶，一览众山小。”山顶又该是怎样的别有洞天？这好奇谜一样地牵着杨万里的脚，他带着信心，向着高处登攀。

山路曲曲弯弯，似有若无，忽隐忽现，一直向上，向上。循着这断续的气息攀登，每一步都需要巨大的力量做坚强的后盾，需要身体的平衡支撑，有时，还需要手的协助。没走多远，已大汗淋漓，气喘吁吁，腿像灌了铅，浑身如散了架，走路也似踩在棉花上。

杨万里索性一屁股坐下，向下一看，不由一身冷汗。深不见底的山谷像一口井，张着血盆大口，冒着森森的寒气，一不留神，就会摔得粉身碎骨。再看四周，悬崖峭壁，张牙舞爪，像锋利的刀锋，随时都会割你一刀。他的手不由紧紧抓牢身旁的坚石，确保自己安全，心方落地。

云朵悬在空中，雾霭茫茫，晨曦湿重，风冷飕飕地打在脸上，天籁之声，随之入耳，鸟鸣啾啾之声、泉水击石之声、风吹树叶沙沙之声……一时齐发，争着抢着灌满两耳，真切而又朦胧，粗犷而又细碎。

山越来越陡，若隐若现的小路彻底没了踪影，接下来的路，需要自己用双脚去开辟。双手抓住怪石，双脚一步步地向上攀登。咬紧牙关，支起毅力的骨架，把信心注入血液，向上，向上。

终于到了。山上的迎客松张开热烈的怀抱，那可是对胜利者的奖赏？

当杨万里气喘吁吁地站在山顶的那一刻，他无暇欣赏险峰上的风光，心里惦记着他此行的目的地——漆公店，对面山脚下的那个看起来像小盒子一样的房屋，应该就是吧！

谁说下山容易上山难，那简直就是一个漂亮的谎言，只不过是对一个上气不接下气的登山人的宽慰罢了。这下山一点儿都不比上山容易，只是不需要那么大的力气了，但腿肚子却开始抽筋，每走一步，撕裂般的疼痛，无以言说的艰难，到后来，得借助手杖才能前行。

不管怎样，终于来到了目的地，所有的汗水都没有白流，所有的力气也都没有白费。杨万里心中一阵窃喜，胜利的光芒冲淡了疲劳，身体的不适一扫而光，他大步向着漆公店走去。

茶香袅袅，漆公店前的木桌上，闲适在徐徐展开。炊烟从屋顶升起，跟晨雾一起在山间缭绕，如此重峦叠嶂，它们能绕出去吗？太阳从山的背后爬上来，冲破雾霭山岚，努力向着空中移动。

本以为翻过这座山，就是一马平川。可眼前，又是一座更高的山。翻过这座山，后面还有吗？杨万里看着眼前的崇山峻岭，陷入困惑。胜利的喜悦一扫而光，本已轻松的心忽而又上紧了发条，绷紧了弦。看来自己高兴得太早了！无论做什么事情，都要对前进道路上的困难做好充分的估计，不能因一时的成功而陶醉。

道理在思索中渐渐明了，渐渐凝成一束光，冲破迷雾，照过来。看，这隐喻就结在对面山顶的那棵树上，正等着你我去摘取呢！

约客

◎［宋］赵师秀

黄梅时节家家雨，
青草池塘处处蛙。
有约不来过夜半，
闲敲棋子落灯花。

初夏的风，迈着小碎步来到江南，它们停驻在一颗梅子上，梅子就黄了脸，接着，江南就进入了黄梅时节。

黄梅时节，也是雨季。雨像一位不请自到的客人，带着柔柔的风情，提着裙摆，小心翼翼地落着，生怕惊动了谁似的。万物吮吸着雨的琼浆，又闲适又安详。

细雨的纤指拨动了瓦片的琴键，轻轻弹奏着夜的音符，然后，汇成乐曲，顺着瓦片流下。当清脆而细弱、绵延而短促的乐音流入诗人赵师秀的耳朵时，对他而言，那不是低沉熨帖的安慰，而是漫长焦心的等待。

一盏油灯，将他孤寂的身影拉得很长，他看看眼前早已摆放好的棋盘，自语道："说好了今晚来，怎么还不来？"焦急的心情牵着赵师秀，他慢慢踱到了窗前。

窗外，比天更宽广的是黑，墨汁一样的黑，泼洒得到处都是。窗户里射出的昏黄的光，照出霏霏细雨的模样，它们不急不缓，秩序井然地从天而降，落在屋前的梅子树上，叶片被冲刷得干干净净，有几滴顺着叶片，珍珠一般地滑落。

雾气和雨水缠绕着、交织着，织成一张雨夜的网，一切都被笼罩在静谧里。

这静谧，这雨景，都是赵师秀所爱，若是往常，他定会好好欣赏，灵感来时，还会赋诗几句，把盏吟诗。可今夜，占据他内心的是一场约定，一场棋事。友人早已经约好了今夜要来，和他一同下棋尽兴，可都怪这烦人的雨，阻挡了友人的行程。

静，像一口深不见底的井，却再也捂不住赵师秀的耐心，看不见的火苗，把他的焦急点燃，并随着蛙声的渲染，越烧越旺。

蛙声，从远处传来，一声接着一声，忽远忽近、忽高忽低，听着似乎要消失，却忽而又续上，此起彼伏，总也断不掉，像这连绵的雨一般，黏黏糊糊，缠绵得令人心烦。

他推开窗户，一股清风扑上来，冷冷的、湿湿的，停驻在他的脸上，将头发吹起来，又跑进屋子里，绕着走了一圈。赵师秀满怀希冀地向着远处望了一眼，然后，关紧了窗户，接着，是一声失落的叹息。

他又重新回到棋盘前，兀自坐着，一地的落寞，铺满屋子。他把最后的一线希望，寄托在窗外雨点的骤停。他多么希望友人披着满身夜色，站在他家门口。那时，这眼前的棋盘就能生动展开，该是多么令人愉悦。

夜半的钟声，从远处传来，落在了赵师秀的耳畔，那再不是睡梦中催眠的乐音，也不是夜半的提醒，而是最后的叹息。

油灯全然不懂他的落寞，依然漫不经心地燃烧，灯芯烧残变焦，下落时，像一朵决绝而闪亮的小花，落在地面，悄无声息，变作一撮灰。眼前的棋盘，像一张落寞的渔网，无精打采地摊着，百无聊赖的赵师秀，顺手拈起一枚棋子，信手敲着，棋落声起，四周更加寂静……